AF138741

Der abgewetzte Pelz
Des Teddybären
Platzt auf.
Durchgeliebt.
Holzwolle
Quillt hervor,
Saugt Tränen auf.
Mit ungelenken
Stichen
Wird die Wunde
Des Stofftiers vernäht.
Für Kinderaugen
Tut dies der Schönheit
Keinen Abbruch.
Wann verliert man
Diesen Blick?

Herstellung und Verlag:
BoD - Books on Demand, Norderstedt
ISBN 978-3-7347-6898-9

Hannes Wendtlandt

Geboren in Wels/Oberösterreich, aufgewachsen in Klosterneuburg/Niederösterreich und Wien. Lebt mit Unterbrechungen seit 1978 in Klagenfurt/Kärnten.

Freier Journalist, Autor, Übersetzer, Werbetexter, Songwriter.

Was für eine Nacht

So völlig unbehirnt
Und nicht zerdacht
Beherzt gespürt
Berührt, verführt
Die Seelen frei gemacht
Einander gut getan
In Wattewolken eingepackt
Ganz sacht
Halb geschlafen
Halb durchwacht
Den Dämmermorgen
Wie die pure Liebe
In Empfang genommen
Umarmt, umfangen
Im Hier und Heute
Angekommen
Direkt ins Jetzt
Hinein gekracht
Was für eine Nacht

Die Gedanken drehen sich im Kreis –
Rund ums Ziffernblatt.
Es wird Zeit,
Das Werk
Nicht mehr
Aufzuziehen

Außer uns

Mein Traum von dir
Deckt sich nicht
Mit der Realität
Der anderen.

Aber mein Traum von dir
Gehört auch nur uns
Und muss sich nicht
Decken mit irgendwas.

Außer uns

Wenn du
Nach solchen Nächten
Wieder fort bist
Dann schließe ich
die Augen
Und denke an dich
Während meine Hände
Sich ihren Weg suchen
Dorthin, wo ich mir
Die deinen wünsche

Du sagst, du hättest Liebe erfahren
Genug für mehrere Leben
Doch immer mit den Falschen
Und Happy Ends gäbe es nur im Film

Ich habe auch mehr geliebt
Als mir guttut und geirrt
Und fast die Perspektiven
An der Kasse abgegeben

Aber ich liebe großes Kino
Daher werde ich weiter drehen
Und wenn du willst
Führst du Regie

Nun, da mehr Vergangenheit
Hinter mir liegt
Als Zukunft vor mir
Schlafe ich an deiner Schulter ein
Wache neben dir auf
Sehe ich dich an
Und habe ein Gefühl
Als liebte ich zum ersten Mal

Die Nacht ist leer

Die Nacht ist leer,
Der Mond beinahe verschwunden,
Das Bett von Einsamkeit zerschunden!
Ist er kaputt,
Der Mond den's nicht mehr gibt,
Mit meinem Stern verbunden?
So leer.
Ist auch der Platz da neben mir,
So schnell wird „ich" aus einem „wir",
So leer?
Die Nacht ist leer,
Wolkenlos und sternenklar,
Ist, was sie ist, auch du bist wer!
Die Nacht ist leer.

Du liebst mich nicht
Ich kann nicht essen
Ohne dich
Du liebst mich nicht
Ich kann nicht schlafen
Ohne dich
Du liebst mich nicht
Ich kann nicht leben
Ohne dich
Du liebst mich nicht
Macht nichts
Ich kann nicht
Lieben ohne dich

Sie ist nicht echt

Ein Märchenbuch und ein paar Puppen,
die Schwester war zum Spielen zu alt.
Der Vater hatte ein Geschäft zu führen,
die Mutter trank, der Herd blieb kalt.
All die schön gestickten, klugen Sprüche
vergilbten an der Küchenwand.
Sie träumte sich in Fernsehbilder –
heile Welt aus zweiter Hand.
Die Liebe war längst ausgewandert,
stattdessen gab es ständig Streit.
Manchmal bekam sie neue Sachen
und selten etwas Zärtlichkeit.

Das war nicht gut, das war nicht schlecht.
Das war halt einfach so!
Machte nicht traurig, machte nicht froh.
Das war nicht echt.

Die Schulzeit ging an ihr vorüber,
sie diente ihre Jahre ab.
Sie fügte sich in dieses Leben,
weil es ja doch kein andres gab.
Dann erwachten ihre Triebe
und sie fühlte sich bereit.
Sie entdeckte neue Spiele,
erst allein, danach zu zweit.
Sie erschuf sich Märchenprinzen
Und verschenkte sich an sie.
Doch was immer sie erhoffte,
es blieb doch nur Phantasie.

Das war nicht gut, das war nicht schlecht.
Das war halt einfach so!
Machte nicht traurig, machte nicht froh.
Das war nicht echt.

Heute geht sie ihrer Wege.
Sie ist schön, sie ist begehrt.
Sie verschenkt keine Gefühle,
weil sie sich dagegen wehrt.
Sie hat noch immer Mädchenträume,
trotzdem spielt sie eine Frau.
Sie will alles kennen lernen,
nur sich selbst nicht so genau,
Sie will niemand etwas geben,
wenn sie dafür nicht auch was kriegt
und sie träumt bereits vom nächsten.
während sie noch bei dir liegt.

Sie ist nicht gut, sie ist nicht schlecht.
Sie ist halt einfach so.
Sie ist nicht traurig, ist nicht froh.
Sie ist nicht echt.

Zerbrechlich sind wir
Wie Porzellan oder Glas
Wenn wir aneinander geraten
Bekommen wir Sprünge
Das schadet dem Klang

Vielleicht!

Wären wir
Einander
Früher begegnet
So wie jetzt
Hätten wir uns
Viel Ballast erspart.
Vielleicht!
Hätten uns gut getan
Vielleicht!
Jetzt wissen wir
Allerdings,
Wie man dem
Anderen
Große Freude
Vielleicht!
Aber auch
Große Schmerzen
Bereiten kann
Vielleicht!
Das haben wir gelernt
Vielleicht!
Und sind misstrauisch geworden
Vielleicht!
Und haben
Unsere Abwehrstachel
Aufstellt.
Vielleicht!
Zerschellt an zu viel gegebener
Und zu wenig empfangener
Liebe sind wir beide
Vielleicht!

Unter Tränen will ich lachen
Dir die Welt zu deiner machen
Mich vergessen, ganz vergehen
Ganz in dir! Und dich verstehen

Unter Sternen will ich singen
Tag vergessen, Zeit verbringen
Nur mit dir und ganz allein
Nachtversunken mit dir sein

Geb dir gern mein halbes Leben
Viel mehr kann ich dir nicht geben
Bin halt auch nur lehmgemacht
Und leider grob, statt zart und sacht

Doch unter Tränen will ich lachen
Meine Welt zu deiner machen
Deine ganz zu meiner drehen
Und dich in allen Farben sehen

Kurzes Tief. Zieht vorüber!
Zieh mich bitte mit ans Meer
und darüber!
Kommt ein Hoch! Ich will höher,
will ganz hoch mit dir ins Wolkenlos.
Und darüber!
Wird ein Fall! Und ein Plätscher!
Macht nichts. Regen tut uns gut.
Auch darunter!

Ein Unwetter?
Na und?
Die wahren Katastrophen
schlummern in uns.
Und wenn
sie ausbrechen,
bersten alle Dämme!

Auf großer Fahrt

„Schiffbruch wirst du erleiden!",
meldet der Kopf.
„Bleib auf Kurs!",
morst das Herz.
„Vertraue uns!",
blinken die Sterne.
„Ich trage dich sicher!",
plätschert das Wasser.
„Ich brauche Wind!",
flattert das Segel.
„Und ich deinen starken Arm!",
knarzt meuternd das Ruder.
„Komm zu uns!",
locken die Sirenen.
„Verloren bist du, Menschlein!",
höhnt Neptun.
„Dort ist dein Ziel!",
lacht das Irrlicht.
„Falsche Richtung!",
kreiselt der Kompass.
„Mich hast du verlassen!",
gurgelt der Hafen.
„Kein Feuer!",
schweigt der Leuchtturm finster.
„Ich kann dich nicht führen!",
steuert der Loste bei.
„Du kannst doch schwimmen!",
blubbern die Fische.
„Geh von Bord, du Last!",
ächzt der Kahn.
Und kein Land in Sicht, kein Land!

Späte Sehnsucht

Jetzt noch einmal
Auf herbstbunte Berge,
Über Almen wandern.
Der Sonne nach.

Kastanien auf dem
Sommermüden Ofen braten.
Genießen, nicht brauchen
Seine Wärme.

Molligen Wein trinken,
Rot, ohne Wintergewürz.
Angeschmiegt zusehen
Den Flammen.

Im warmen Wasser sitzen
Den Frühlingsherzschlag fühlen.
Nebel und Kälte begegnen
Mit innerer Glut.

Vor dem Gewitter

So nahe
Die Berge
Vor dem Gewitter
Tauchen die Gipfel
Plötzlich ins Schwarz

So finster
Die Stadt
Vor dem Regen
Werden die Fenster
Blitzartig hell

So gläsern
Die Luft
Nach dem Donner
Schlägt das Herz
Schnell aber ruhig

Auf hartem Land

Ich bestelle mein Feld
Auf Boden, der nichts trägt.
Auf hartem Land.
Ich nähre mich von Hoffnung,
Sie ist das Brot des Herzens.

Ich säe mein Lächeln
Auf steinernen, kargen Grund.
Auf hartes Land.
Doch wenn es aufgeht und gedeiht,
werde ich satt ernten.

Meine Liebe ist eine reife Frucht,
Gepflückt will sie nun werden.
Bevor sie fällt
Und vergeht.
Auf hartem Land.

Wenn Rosen knospen
Im Dezember
Wird meine Liebe
Auch im Winter
Nochmals blühen

Ans Meer mit dir
Statt Weihnachtswahn
Kein falscher Glanz
Sternengetier

Ich gäb was drum
Brauch kein Lametta
Statt Endlosbändern
Spüren stumm

Mit dir ans Meer
Den Wellen lauschen
Was an Geschenken
Gäb' es mehr?

Die Luft ist so schwer
Und schmeckt übel nach Russ.
Alles um mich ist fahl.
In mir ist es leer.

Ich ersehne das Licht,
seinen gewichtlosen Kuss.
Der mich erhebt übers Tal
Und die Nebel durchsticht.

Und was ich dann noch begehr,
glaub, dass ich's haben muss.
Ist auf einmal egal,
Verschwindet im Meer.

Dein Frühjahr
Ging an mir vorbei
Und auch der Sommer.
Was du im Herbst
An Früchten brachtest,
Schätze ich jedoch sehr.
Und ich würde gern
Den Winter mit
Dir verbringen.
Warm, lachend,
den Boden bereitend,
für neue Saat,
Dem Schnee
Und dem Frost
trotzend!

Zärtlich empfing uns der Tag

Echt und rein war die Nacht.
Ganz ohne in die Leere gestelltes Hoffen,
nur ungezieltes Erwarten.
Kein großer Anspruch,
doch viel Ansprechendes.
Hemmungsloses Dasein füreinander,
Geben und Nehmen.
Ich nahm ein wenig
Von deinem Kummer,
du etwas von meiner Einsamkeit.
Und unsre Nähe
Gab uns Kraft.
Zärtlich empfing uns der Tag.

Ich kann mich nicht
Satt streicheln an dir
Mich dürstet
nach deinen Farben
Spüren möchte ich
Dein Sehen
Hören deine Berührung
Denken deine Bewegung
Singen zu deiner Stimme
Sein will ich
Ganz in dir

Das unendliche Universum
Ist geradeso unerforscht
Wie nur eine deiner
alltiefen Seelen.
Trotzdem will, darf
Und kann ich nicht
Auf etwas davon
Verzichten.
Nicht auf das eine,
Noch das andere.
Für meine eigne Ewigkeit.
So entstehen Kosmen
Unermesslich ausgedehnt
Und sternenweit
Nicht erfassbar.

Je tiefer man liebt,
Höher steigt,
Wolkenwärts strebt,
Umso bodenloser der Fall!

Déjà-vu

Da sitzt du vor mir
Auf der Bühne
Und liest aus deinen Texten.
Ich beginne
Zu träumen
Mit offenen Augen.
Ich könnte nicht sagen:
Ist es dein Anblick,
Deine Stimme,
Oder sind es
Deine Worte,
Die mich mitnehmen
Auf Reisen
In unerforschte
Und doch vertraute
Welten.

Ich bin wohl ein Dazwischen

Dem Kindsein längst entrissen
Nie im Erwachsen angekommen
Alte Zauberwelt verloren
Die kalte Nüchternheit negiert
Das Sorglos abgegeben
Wie auch das Ungetrübt
Kein Dürfen angenommen
Und auch das Müssen ignoriert
Ein Seiltanz zwischen Sphären
Stets schwankend balanciert
Kann mich nicht anders deuten:
Ich bin wohl ein Dazwischen

Frohe Zukunft, Leute
Die wird doch gut.
Da hilft weder Wut,
Noch hilft uns Mut.
Wenn sich das
Geld selber
Verwaltet,
Ist jeder Kodex
Mehr als veraltet.
Rosige Zeiten,
Freunde,
alles wird gut!
Denn diesmal
Ertrinken auch sie
In der Flut!

Mit dieser Welt bin ich im Reinen
Trotz frech ihren Dämonen
Doch fühl ich auch die Geister nun
Die heimlich und verborgen wohnen
In wilden Bäumen und in Steinen

Vom Zwerg zum Riesen
Musste ich wachsen,
um mich zu begreifen.
Vom Giganten zum Wicht
Musste ich schrumpfen,
um dich zu erkennen!

Mir meine Liebe zu verbieten
Ist genau so dumm
Wie Hass von mir zu verlangen
Beides ist unmöglich!

Die Tür stand offen einen Spalt,
ich hab mich rein geschlichen.
War warm und wohlig dort,
zum zwischenwohnen halt.
Allein ich wars nicht: nämlich allein
Da schrieben sich nebst mir,
Ganz viele in ihr Büchel ein.
Mit manchem tanzt du heute noch!

Liebe macht nicht nur blind,
sondern auch blöd!
Es reicht nicht, immer nur gegen
dieselbe Wand anzurennen.
Man muss sie auch noch küssen,
bei jedem Aufprall!

Heute
Ist es scheinbar ein Fehler
Nicht nur auf sich selbst zu schauen!
Rücksicht ist Schwäche.
Nicht verletzen zu wollen,
Ein Witz!
Auf meiner Stirn scheint
Meine Ratlosigkeit darüber
Tätowiert zu sein.
Wenn ich durch die Stadt gehe,
Werde ich angerempelt und fast umgerannt.
Als ob ich unsichtbar wäre.
Bin ich ein Geist
Aus einer anderen Zeit?

Alles Schöne muss man teilen.
Was man liebt, zerfällt in Stücke.
Ganz macht nur der Tod.

Spaghetti Carbonara
vor mir auf dem Tisch,
gegenüber du.
Meine Augen
suchen die deinen
und ich bemühe mich
an dir vorbeizusehen.
Nur nicht
den Augenblick zerstören.
Du weißt es ohnehin.
Ablenkend die
Legende vom
angeblichen Köhleressen
zum Besten geben.
Verlegenheit.
Du spürst es.
Mein Herz klopft
wie verrückt.
Ich esse mechanisch,
meine Sinne sind bei dir.
Immer noch so
vertraut, so nahe.
Fühlst du es auch?
Spaghetti Carbonara,
der Teller ist endlich leer.
Mein Herz nicht,
noch lange nicht.

Alt, verbraucht und verunsichert
Schaust du aus
Auf den Fotos, die du hochlädst.
Und ich möchte diesen
Speichelleckern am liebsten
Ins Gesicht springen,
Die dir Honig ums Maul schmieren.
Berechnend und grindig.
Hübsch bist du allemal.
Schön, jung und selbstbewusst.
Doch anders als sie es meinen.
Und ohne ihren Schleim!

Beutle mich, Leben!
Lass mich dich spüren.
Mach, dass mich all deine
Flammen berühren.

Lass mich ruhig brennen,
mach, dass ich schrei.
Beutle mich, Leben!
Lass mich nicht frei!

Beutle mich. Leben!
Wild hin und her.
Mach mich verrückt,
denn dann bin ich wer.

Lass mich auch spielen
Und ich spiele mit dir.
Wer am Ende gewinnt,
das, liebes Leben, wissen wir!

Beutle mich, Leben!
Mach deinen Zug.
Ich mach den meinen,
das ist genug.

Lässt niemand gewinnen,
das ist dein Naturell.
Liegt das Blatt auf dem Tisch,
Geht es meistens sehr schnell.

Beutle mich, Leben!
Nur eines mach' nicht.
Lösch bitte nie
Meiner Liebe das Licht!

Da liegt der eine
Im Sarg vor mir.
Ihn darf ich
Nie mehr küssen.
nie mehr umarmen.

Da steht die andre
Neben mir.
Sie könnte ich,
Wäre sie nicht
Friedhofskalt.

Ich weiß nicht,
Was schlimmer ist:
Sich dem Tod
Zu verweigern,
Oder dem Leben?

Meer

Du umfängst mich!
Ich erfahre in dir
Den Beginn des Lebens.
Möchte „Mutter"
Zu dir sagen.
Und in dir bleiben.
Mein Mut
Reicht aber nur
Bis zum Ufer,
Nicht weiter!

Ein Schichtkuchen bist du!
Teilt man dich,
Lage für Lage,
Bist du entweder
Süß, fruchtig, sauer,
Salzig, bitter, scharf,
Weich oder mürbe.
Doch querdurch –
Gesamt gekostet –
Möchte man nie wieder
Von etwas anderem naschen.

Das Jahr war gut,
Ich wuchs an Schmerzen,
Rankte an Bäumen,
Schürte die Glut.

Das Jahr war gut.
Ich entzündete Kerzen,
war in fremden Räumen
trotzdem nicht auf der Hut.

Das Jahr war gut.
Und wurden auch Terzen
Aus Zweiklangträumen,
Das Jahr war gut.

"Stehe auf und lebe!",
Sagt mir mein krebskranker Freund.
Und wie ich es auch wiege,
er hat Recht!

Blau ist der Himmel
Blau ist die Jugend
Blau ist das Wasser
Blau meine Augen

Blau sind auch deine
Blau manche Blume
Blau sind die Flecken
Blau ist der Regen

Blau sind die Töne
Blau ist der Blues
Blau meine Seele
Blau bin auch ich

Du läufst dein ganzes Leben
Der Liebe hinterher
Und dem Tod davon.
Erst wenn dir die Luft ausgeht,
Und du innehalten musst,
Wirst du gewahr,
Dass sie vor dir flieht,
Während er dich einholt.

Du säuselst durch den Kamin
Um mir etwas sehr Dunkles
Rußschwarzes mitzuteilen
Dein Hauch besänftigt die Flammen
Und schürt gleichzeitig die Glut
Nimmt kurz die Kälte
Und die atemlose Stille
Erhellt vergänglich den Raum
Um dann doch nur
In Asche und Rauch
Zu verknistern
Und dem allen
Unvergänglich anzuhaften

Ein ganzer Sommer
Schenkte sich mir
Die Berge stiegen zu mir herab
Und was an Hitze
Und Höhe noch bleibt
Ist alles was ich noch hab
Daran halte ich fest
Das sitzt ganz tief drinnen
Kommt nun aber doch
Der Winter ins Tal
Dann gebe ich alles dir